Y0-CUY-401

ISBN: 0-673-60717-8

Ginger © 1997 by Charlotte Voake. Published by Candlewick Press; Cambridge, MA.
Reproduced by permission of Walker Books Limited, London.

Spanish-language version of *Ginger* published 2000 by Scott Foresman, Glenview, Illinois.

Printed in the United States of America.
345678910 BX 0706050403020100

Scott Foresman
Editorial Offices:
Glenview, Illinois • New York, New York

Regional Offices:
Reading, Massachusetts • Duluth, Georgia • Glenview, Illinois • Carrollton, Texas • Menlo Park, California

PELUSA

Charlotte Voake

Pelusa era una gata con suerte.

Pelusa vivía con una niña que le preparaba comidas deliciosas

y le había dado una canasta muy linda,

donde se acurrucaba...

y cerraba
los ojos.

Aquí está muy dormida.

pero aquí está
otra vez,
MUY DESPIERTA.

¿Qué es esto?

¡Un gatito!

—¡Será tu nuevo amigo, Pelusa! —le dijo la niña.

Pero Pelusa
no quería un amigo,
sobre todo uno como éste.
Pelusa esperaba que
el gatito se fuera,
pero no se fue.

El gatito
   la seguía
   a todas partes,
      salía de detrás
      de las puertas

y saltaba sobre la espalda de Pelusa,

y hasta se comía
su comida.

¡Qué gatito tan travieso!

Pero lo que más le disgustaba a Pelusa era que cada vez que se metía en su linda canasta, el gatito se metía también,

y la niña
no hacía
nada para
solucionarlo.

Y Pelusa decidió irse de casa.

Salió por la gatera
y no regresó.

El gatito esperó un rato
y luego se metió en
la canasta de Pelusa.

No era lo mismo sin Pelusa.

El gatito
jugaba
con unas
flores,

luego encontró
dónde afilarse
las uñas.

La niña
lo encontró bebiendo
leche sobre la mesa.

—¡Oye, tú, gatito travieso! —le dijo.

—¿Dónde está Pelusa? Creía que estabas con ella.

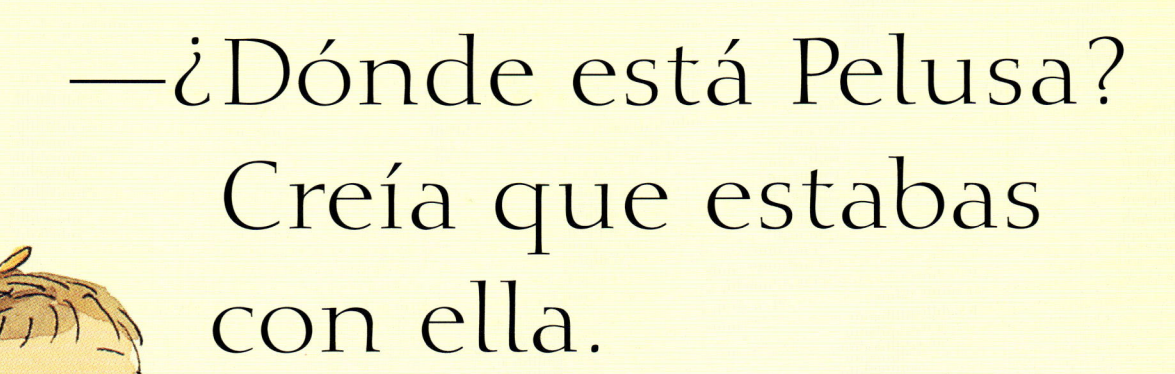

Miró en la canasta de Pelusa, pero, claro, Pelusa no estaba allí.

—Tal vez está comiendo —dijo.

Pero Pelusa tampoco estaba allí.

—Espero que
no esté enojada
—dijo.

—Espero
que no se
haya ido.

Se puso las botas
para la lluvia y salió
al patio,
y allí fue
donde la
encontró.

Pelusa estaba mojada,
triste y con frío,
escondida bajo
un matorral.

La niña llevó a Pelusa y al gatito adentro.
—Es una lástima que no sean amigos —dijo.

Y le dio una comida especial a Pelusa.

Y al gatito le dio
su propio plato.

Luego metió a Pelusa
en su canasta,
calientita y cómoda.

Lo único que encontró para que durmiera el gatito fue una cajita de cartón.

Pero al gatito no le importaba, porque a los gatos les gustan mucho las cajas de cartón (aunque sean pequeñas).

Cuando la niña
fue a ver a los
dos gatos
otra vez,

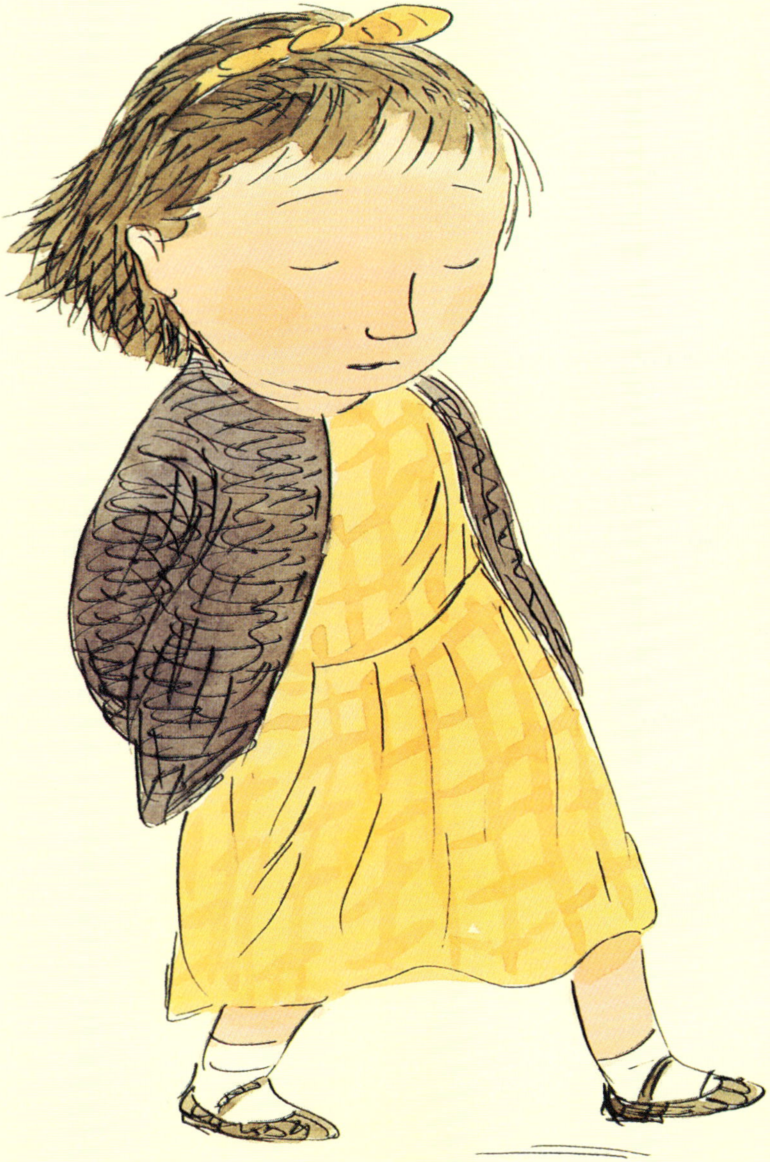

ASÍ es como los encontró.

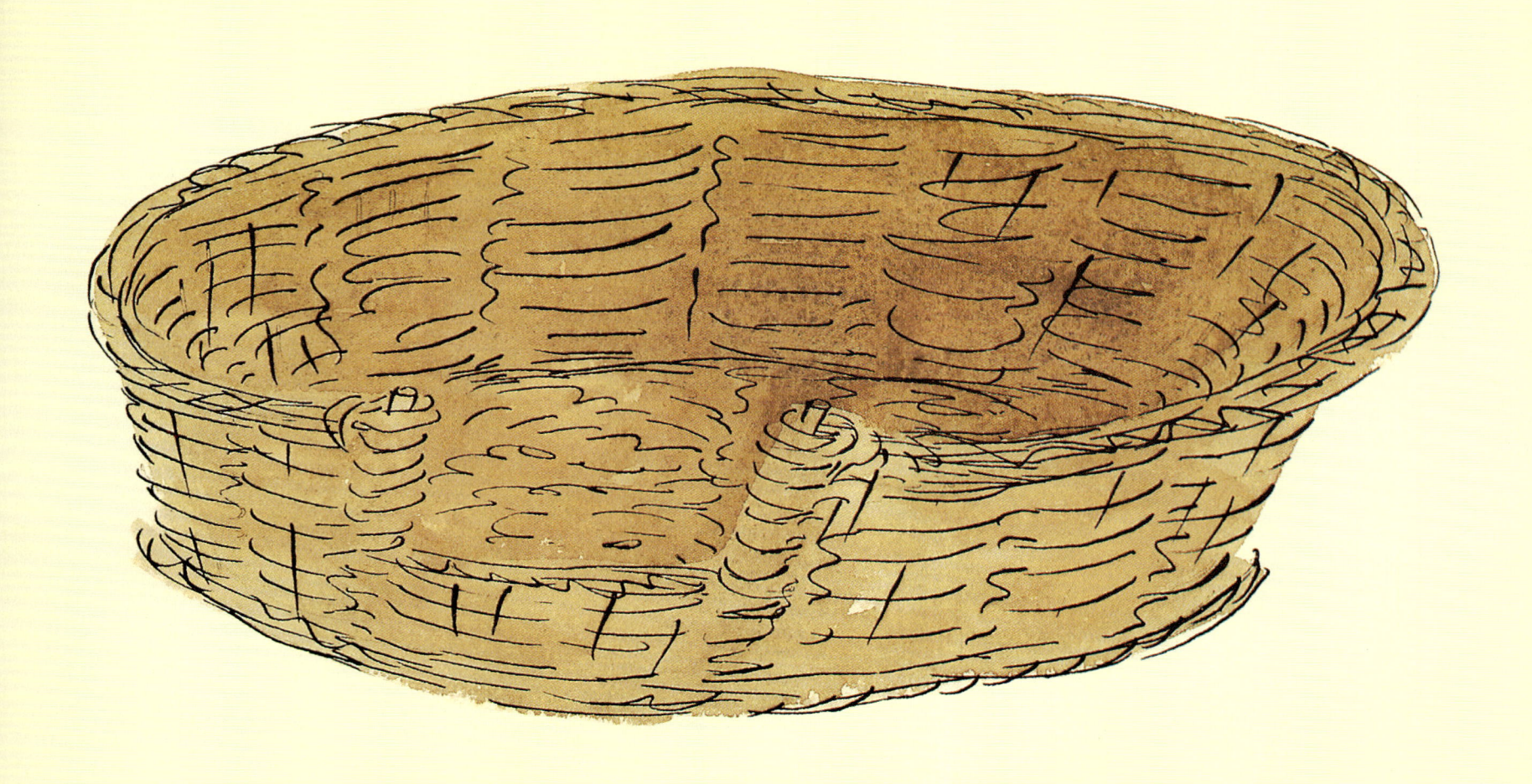

Y ahora Pelusa
y el gatito travieso son
muy buenos amigos…

¡casi todo el tiempo!

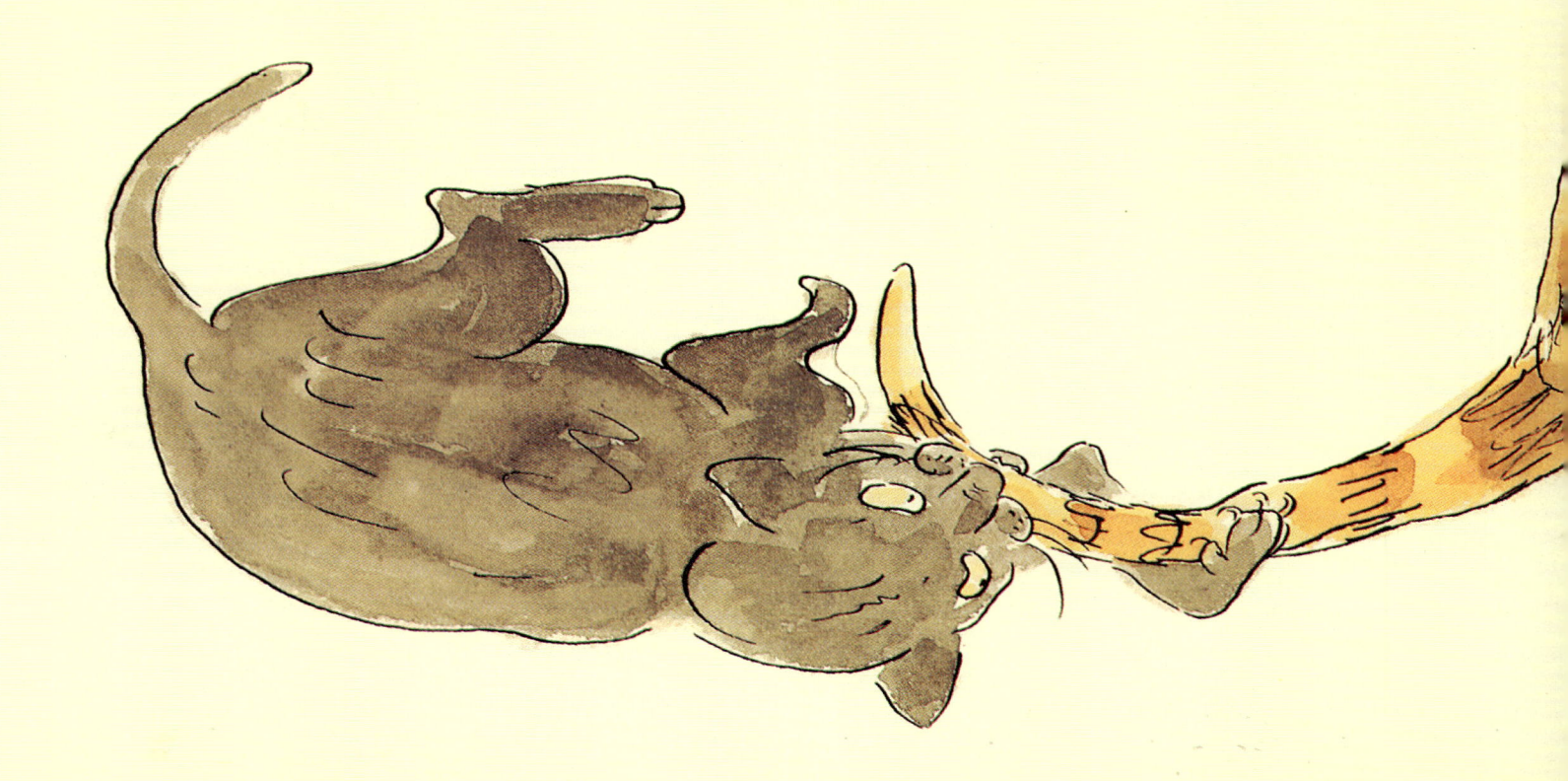

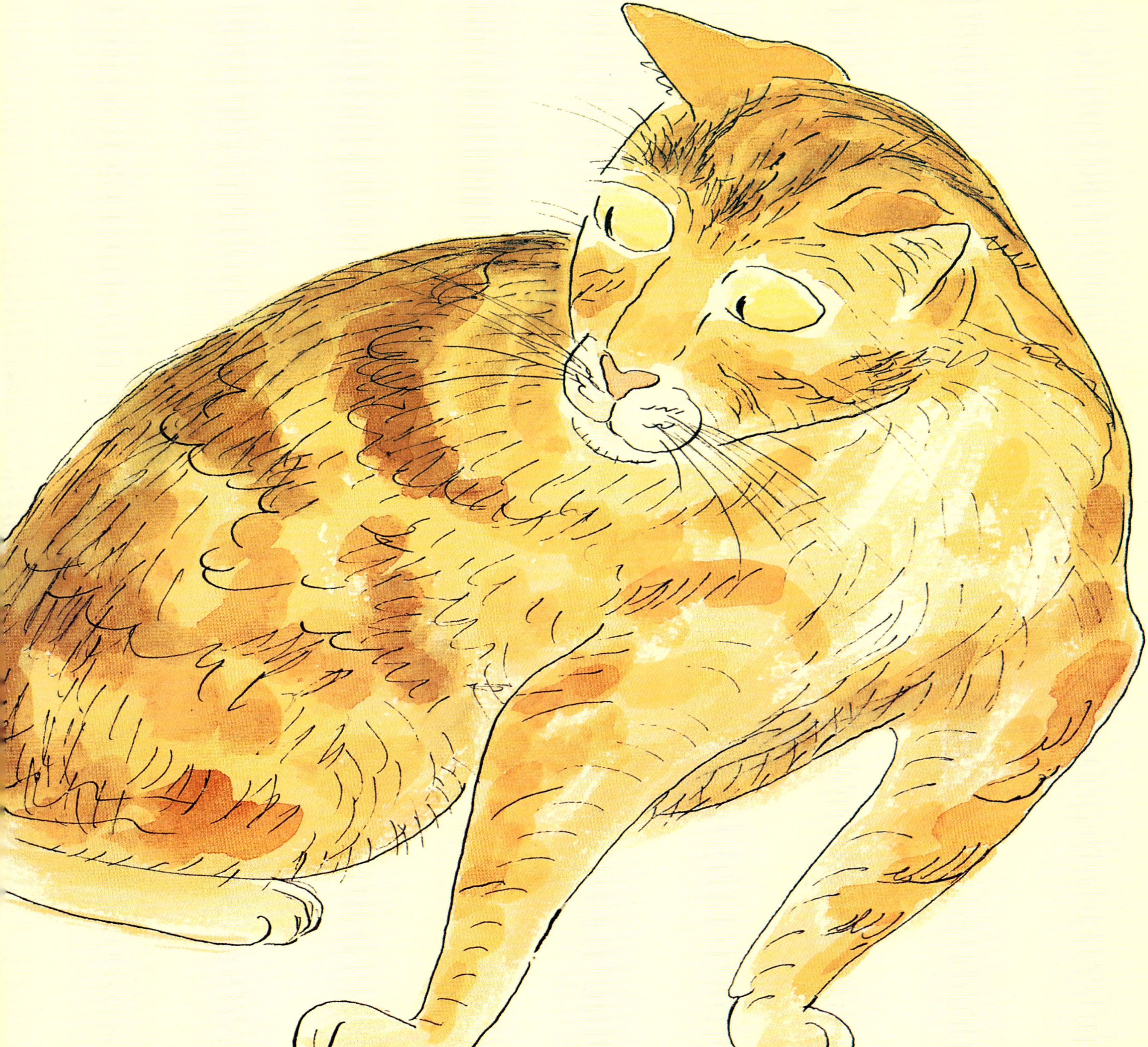

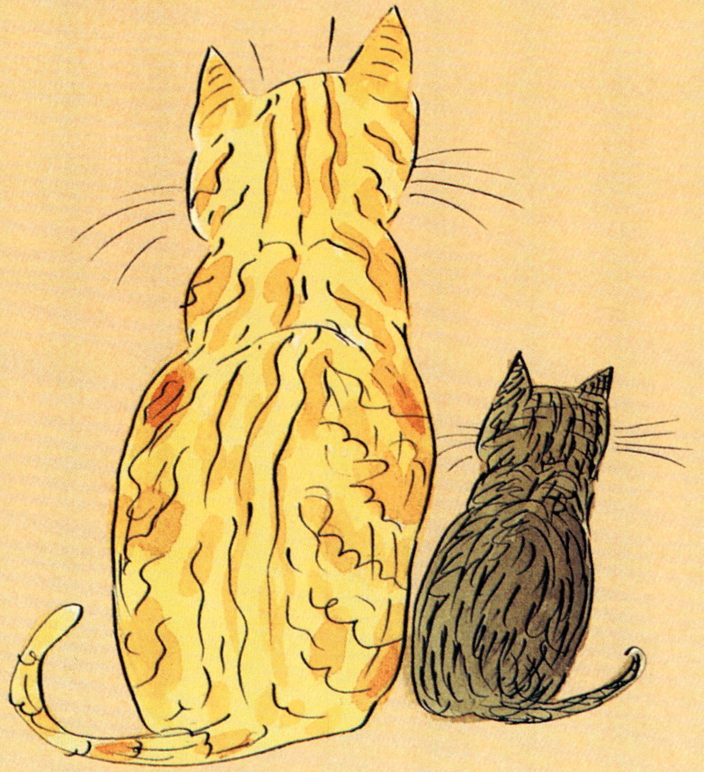